바다와 함께한 산골 여정

바다와 함께한 산골 여정

초판 1쇄 발행 2024년 11월 16일

지은이 김찬선
펴낸이 장현수
펴낸곳 메이킹북스
출판등록 제 2019-000010호

디자인 이정아
편집 이정아
교정 강인영
마케팅 김소형

주소 서울특별시 구로구 경인로 661, 핀포인트타워 912-914호
전화 02-2135-5086
팩스 02-2135-5087
이메일 making_books@naver.com
홈페이지 www.makingbooks.co.kr

ISBN 979-11-6791-624-2(03810)
값 13,000원

ⓒ 김찬선 2024 Printed in Korea

잘못된 책은 구입하신 곳에서 바꾸어 드립니다.
이 책의 전부 또는 일부 내용을 재사용하려면 사전에 저작권자와 펴낸곳의 동의를 받아야 합니다.

※이 책에는 'Mapo 금빛나루'체가 사용되었습니다.

홈페이지 바로가기

메이킹북스는 저자님의 소중한 투고 원고를 기다립니다.
출간에 대한 관심이 있으신 분은 making_books@naver.com로 보내 주세요.

바다와 함께한 산골 여정

김찬선 시집

차례

제1부 - 바다와 함께

자갈치	12
조선소의 장미	13
도크장(Dock)에 누워서	14
백수 낚시	15
용접마을	16
등대소리	17
카사로사의 밤	18
남항가	19
출항	20
무녀 소리꾼	21
슬도 등대	22
남항 WEB-CAM	24
달맞이 고개	25
섬마을 완행버스	26
통영에서	27
베르겐 항구	28

고등어 대첩	29
라스팔마스로 가자	30
추억의 대평동	32
할매 막걸리 집	34
깡깡이 소리	35
머나먼 스타반게르	36
삼천포 김 영감	38

제2부 – 세상과 함께

단풍 넥타이	42
새	43
산새	44
칸나의 계절	45
종이 향수	46
안티푸라민 여인	47
동해남부선	48
슬픈 열대	49
기관사	50
벚꽃 트라우마	51
사라지는 전화 부스	52

유랑	53
소쩍새 친구	54
희망버스	56
지하철의 일상	58
봄비	60
동축사 법구	62
신장 위구르	63
아내의 경제학	64
구층 베란다의 닭	66
소쩍새	67
대한항공 100회	68
출장의 추억	69
도화(桃花)	70
자결의 꽃	71
중고 人生	72
왕벚꽃	74

제3부 - 유랑의 세월

바지선	78
船頭(선두) 하산보이	79
구인사 천도재	80
청령포행 등기 우편	81
의열사 엄흥도	82
적도의 나비 부인	83
때늦은 축사	84
손녀와 옥수수수염	85
사라진 산업 전사	86
큰 발 손자	88
변산 고사포해변	89
실상과 허상	90
달사냥	91
故, 한석근 선생님을 그리며	92

제4부 - 미곡미실 산골에서

시선시당 입주	96
미실 마을 감로수	97

산새들의 합창	98
산토끼	99
고택에 내리는 소나기	100
따오기 이장님	101
십장생화	102
대문을 열어 주오	103
각시가 온다	104
산새와 함께 자자	105
면사무소에서 알립니다	106
흑묘 백묘	108
마을 노제	109
양파	110
복달의 보양식	111
손자 생각	112
청개구리	113

시집 평설 ǀ 수평적 동경의 미학 시로 실천 돋보여	116
출판 소감	135

제1부
바다와 함께

자갈치

자갈치 시장에 가면 내 고기는 없다

갈매기 선장을 따라 고래 등을 타고
황천의 파고를 헤치며
나는 점점 큰 고기가 되었지

그리운 만선(滿船)
흥을 돋구던 대어(大漁) 깃발 지금은
라스팔마스로부터 퇴각하여
한 동이 짠물로 시름을 씻어낸다

단돈 일천 원에 소주 한 잔 마시고
저기, 나의 고향집 부산 뱃마을
남부민동을 보면, 멍둥개, 꼬추동이들이
나에게로 달려오는 환상을 본다

조선소의 장미

그해 어느 날부터 덩굴장미는 조선소의 긴 담벼락을
따라 심어지고,

수백 척의 배가 건조되고 오월은 수십 번 왔다 가며
닭 벼슬 같은 붉은 꽃을 피웠다

거제도에도 영도에도 미포만의 조선소에도
해마다 피고 지고를 거듭했다
섬 끝에서, 산골에서 온 사내들이
릴케 용접공이라는 붉은 이름표를 달고
닭벼락 길 건너 장미 아파트에 뒤엉켜 살다가
불타는 장미꽃을 껴안고 사라지곤 했다

올해도 누군가 보았다 장미꽃 한두 송이
조금씩 담벼락을 기어올라 조선소 쪽으로 고개
떨구는 것을

도크장(Dock)에 누워서

시원한 바다 옆에 황량한 큰 집을 짓고
긴 침목으로 침대와 베개를 만들어 누워
콧속 가득 짠물이 넘어오는 듯하여 눈을 뜨면
나의 몸집은 보디빌딩을 시작한다

처음 등을 길게 눕히고, 꼬리 점을 눕히고 잠을 자고 있으면,
어떤 때는 쇠망치로 나를 두드리고 가고 그런가 하면
살점을 떼어내어 허전한 곳에 붙이기도 한다

옆집 도크문(Dock Gate)으로 큼직한 물고기 몇 놈들이 놀다 가고, 무수한 별들이 나의 집을 다녀가면, 이제 집 떠나갈 만큼 고래보다 큰 놈으로 성장한다

주름진 살갗은 놋쇠 다리미로 펴 주고 예쁘게 분 발라 주고, 주인님이 나의 이름을 現代 2015호라 붙여 주면, 오대양으로 향한 긴 여행을 시작한다

백수 낚시

월요일 정오 고요로 하품하는 봄 바다에 비릿하고 맛있는 새우 한 마리 담그면 얼빠지고 멍한 백수 물고기들이 나(백수)에게로 놀러 오는가 보다

오른쪽 방파제 왼쪽 갯바위에는 하릴없이 세월만 따먹는 멀건 사내들이 지난겨울부터 얼굴도장을 찍고 가고 감시랑 뱅어돔 같은 놈들은 오지도 않았다

설렁하게 담배 한 대 물고 저기 진격하는 멸치 배를 바라보면 백갈매기 무리 지어 너울 파도를 따라 출항하고 있다

한 시절의 몽중몽(夢中夢)에 수백 척의 어선이 사라지고, 남태평양으로 갈 꿈의 배(夢船)는
꿈꿔야 할 바다에서 더 이상 꿈꾸지 않았다

용접마을

여보게 한번 왔다 가게 봄꽃이 만발한 지금 오게 울산 동구에 오면
상점마다 소주가 넘치고 장바구니마다
삼겹살이 가득하다네

방어진에 오면
싱싱한 활어가 고무통에 펄떡이며 살아 있고 궁둥이
큰 색시도 많아야 한번 왔다 가게

여보게 여기에 오면 오매 기 살아부러
부장님도 소나타, 나도 소나타여 사모님도 때청바지에
백화점 가고, 우리 마누라쟁이도 패션 바지에 골프장
다녀

그런데 시방 나는 맛이 갔어야
용접쟁이 하다가 눈썹이 다 타 버렸어 한번 왔다 가,
산업병동

등대소리

우- 우- 웅, 우웅
비구름 더해 가는 푸른 밤바다를 달래는 등대 고동 소리
먼 망각 속으로 난파선을 타고 온 사나이가
내게로 와 갈매기처럼 울었다

비장한 그 어선 절대 고립의
빈 배로 피항할 때 빛도 없는 바다는 깊고 푸른 안개에 휩싸여
등대가 보이는 섬에서 실뱀장어같이 허물어졌다고 했다

월명(月明)하고 바람 고요한 날
징소리로 불러, 종이배를 타고 간 사나이 등대 소리 들리면
밤새 바람창을 두드리다 푸른 달빛을 따라 새벽바다로 돌아간다
등대가 보이는 어(漁)과수댁의 벼랑가로 갯메꽃 피고 지고 십여 년
이제 오지 마!
그래도 술 취한 울기등대는 파도 바람으로 울었다

카사로사의 밤

암스테르담 카사로사의 밤은 매캐한 드라그향에 취해
들어간다

센트럴 스테이숀 운하를 따라 유리상자 집에는
튤립꽃 바구니를 든 홀랜드 소녀가 나무 구두를 신고
신데릴라 춤을 추고 기울어 가는 이층 유리집에는
이국 멀리 무역선을 타고 온 검은 머리 동방의 처녀들이
신비의 카사로사 꽃을 판다

운하의 반대쪽 북극의 바이킹선을 타고 온 푸른 눈의
아이스 백작 시녀들이 백야의 밤을 기다리고
붉은 장미문을 열면 얼룩말을 타고 채찍을 든 검은 여
전사들이 이방인의 향기를 탐닉한다
긴 항해와 노역에 시달린 사나이들의 결박을 해체하는
유로 국제선창 붉은 카사로사의 밤

남항가

부산 남항 선창에서
오징어배, 불배, 원양트롤선 이름을 불러 본다
오대양1호, 거북2호, 고래3호
모두 다 쓰러져 깊은 잠을 잔다

1, 2, 3호 불렀다
바다 밑 검은 진흙 속에 앵커 줄이 흔들고 선수에 앉은 갈매기가 응답한다
본선, 주기관 중대 결함, 추진축 절손, 연료탱크
BOTTOM & EMPTY,
WAITING FOR DEAD SHIP
선주 감척, 폐업, 산중 잠적 기름만 퍼 마시면
부산항을 힘차게 밀어내고 달리던 철갑 치마를 두른 용감한 그녀가
비 오는 밤마다 녹슨 기침으로 깡소주를 퍼 마시고 서걱서걱 몸을 부수고
서늘한 철판 담요 한 장에 누워
매일 조금씩 바다 궁창으로 하강한다

출항

깊고 푸른 바다로 가자
만국기 달고 대어 깃발 이어
검은 기름을 내 배보다 많이 실어 바다로 가자

비릿한 영도 남항에서
침묵 속에 가라앉은 닻을 올리고 발전기를 돌려 선상의 어둠을 헤쳐 바다로 가자

엉켜진 로프를 풀어 보자
선창가에 술 취한 선원을 불러 보자 시원한 목청으로
"출항 시발" 하고 바다로 가자

아이와 여편네가 밤새 갈매기처럼 울어 와도
인도양을 지나 라스팔마스로 가자
꿈의 바다로 가자
깊고 푸른 바다로

무녀 소리꾼

여름 바다 비구름이 몰려오는 저녁
화랭이*를 따라 정자 바다에 머물렀던 무녀 소리꾼에 대한 회상이다

바람이 일어 호롱불 켜지는 무대 안
담홍색 저고리를 단아하게 입은 무녀 등장 비구름이 몰려오고 파도가 고조에 달하자
장구 소리 빗소리를 타고
두-둥 두-둥 밤바다에 절정으로 침투할 때
동해안 굿거리 무가의 득음을 향한 비장한 여인의 신 울림을 본다

장구재비 퇴장
배음은 파도 몽돌의 장단
이경까지 바다는 태산을 두어 번 넘나들다 살풀이장단의 여음을 연소하고
육신과 소리가 파도 거품으로 산화된다

* 화랭이: 남자 무속 악사

슬도 등대

방어진에 오면 슬도*로 가자
손 한 뼘에 들어오는 작고 귀여운 방어진의 막내둥이
슬도는 젖꼭지 같은 등대를 물고 누워 있다
방어진을 밀어내고 출항하는 배는 슬도를 보고 갔다가
슬도 등대를 따라 방어진으로 온다

슬도에는
빈 벤취만 슬도 바다를 보고 앉아 있다. 용암바위 구멍마다 바람을 품어
파도가 바위를 두드리면 비파를 든 선녀가 이관 깊은 곳까지 파도 바람 소리로
해왕의 설화를 들려준다

슬도로 가는 방파제 길이 없던 시절의 슬도는 초승달을 걸어 놓은 떡시루 바위의 전설을 감고 처용이 놀다 갔는지 알 수 없다
방어진의 막내둥이 슬도는 이름처럼
아름다운 꿈을 안고 새끼 고래가 매일 놀다 갔는지 난파선 잔해가 머물다 갔는지 알 수 없다

* 슬도: 울산 방어진의 섬

남항 WEB-CAM

이제 고향 바다를 그리워 말자
파도를 물어오는 갈매기 보려 눈감지 말자 그리운 부산 자갈치는 통선을 타고
횟감보다 싱싱한 바다로 배달된다

낮으로 클릭하면 파도를 가르는 고깃배가 오가고 파도 거품까지 모니터에 착상하고,
등대를 오가는 백수 아저씨가 가물가물 보이고 밤으로 서칭하면 등대 불빛은 밤바다에 내려오고
자갈치 포장마차 불빛은 가슴 타도록 깜박인다

비 오는 남항을 투시하면 술 취한 자갈치는 원탁에 둘러앉아 꼼장어를 굽고 있어
홀로 순댓국 끓이는 누님 생각에 POWER- OFF 하면
가슴에 타오르는 파도 소리 고향 바다는
뜨거운 향수를 부른다

달맞이 고개

술 취한 남쪽 바다는 화대(花代)를 받고 푸른 바람을
간수에 섞어 동백섬을 돌아 달맞이 고개로 불었다

밤새 새아씨 분내 나는 남국의 신호
꿈결같은 설렘으로 연홍의 벚꽃을 피웠다

달맞이 고개
동해남부선 차창으로 비 내린다 비산하는 비장한 꽃잎
흔적도 없는 무상의 바다에
아! 화무일홍(化無日洪) 일파만파 파도 밀려온다

섬마을 완행버스

거제대교서 출발하는 성포리, 지세포, 옥포행
남도의 고삐 풀린 완행버스

띄엄띄엄 한 명 타고 주욱 가다 한 명 타고
여기는 중학생 저 마을은 여고생 해안선 아래 멸치배
이장집 마나님도 타고 모두가 파도 같이
오고 가는 단골손님

어떤 물 좋은 날은
갯강구, 바닷게까지 신작로 정류소까지 올라오고 할
멈을 따라온 검둥 강아지는 낑낑거리며
차비가 없어 돌아가고

시간의 경계도 속도의 경계도 없는 무한 자유의 섬마을 버스
유유자적 구불구불 달린다
단지, 제어할 수 없는 것은 갯내음 이방인이면 아스피린이 필요할 듯

통영에서

해 지는 통영 시외버스터미널 볼락구이 냄새를
시작으로 일박의 재료가 보인다
벌써 서대무침, 충무김밥 간판이 보이고 선술집 모퉁이는 대체로
용궁장, 수궁장 또는 해안 여인숙으로 배열된다

허기진 밤 베니스노래방에는 밤갈매기의 합창
오토맨은 쟁반다방을 오가고,
밤새 선창가를 누비다 속 쓰린 아침이 오면 꽃게탕이 뭍으로 올라온다

그때 그 터 그 시절
회상의 언덕에서 바라보면
그림 같은 동양의 나폴리는 책에 있는 그대로
비단같이 고운 미항
몽돌 해안선 아기고동 무덤 위에서의 일박

베르겐 항구

눈 내리는 노르웨이 베르겐 선창
바이킹선을 타고 온 사나이
긴 코트 깃 세우고 호롱등 바텐에 앉아
북극 고래 잡던 시절을 생각한다

부스케루에서 눈썰매를 타고 온 사나이
백야의 밤을 새워 목조 선술집을 지었다
순록의 목을 벽에 걸어 놓고
BERGEAN 1789

북극 고래를 인양했던 목조 크레인도 그대로 무인도로 팔려간 해적의 하녀가
FISH MARKET에서 빨간 모자를 쓰고 동방에서 온 나에게 뽈그란* 연어 살점을 집어준다

* 뽈그란: 연어의 색깔을 표현함

고등어 대첩

고요한 일요일 새벽 동해 바다 검고 푸른 파도 소리 고등어 대군 방어진으로 진격
수산신보 호외! M1, M16 낚싯대로 무장한 검은 얼굴의 사내들이 고층 아파트의 해병대 출신 선수로부터 단칸방의 방위병까지
작업복, 운동복, 전투모, 있는 대로 걸치고 출병한다
작전명은 고등어 대첩

푸른 파도치는 방파제 빗발치는 새우 탄환 파도음을 가르는 힘찬 투선 하늘을 찌르는 용맹 빠알간 미사일 찌에 어신이 온다
6600볼트의 고전압이 손등에 흐른다
나의 심장과 고등어 대장의 심장이 동시에 릴선으로 접신되어 싱크로나이저로 힘차게 박동한다 혼비백산 방어진 동진 앞바다 고등어가 몸통을 비틀며 대항한다 거친 숨소리 토한다

출전 용사 전원 수십수 전과 온몸에 비늘무공훈장 수여
새끼 고등어 방생 그리고 포로수용소 없음

라스팔마스로 가자

라스팔마스로 가자
밤새 새색시 가슴 다 녹여 놓고
눈물동이 사랑도 미움도 다 내려놓고 인도양을 지나
머나먼 만선의 전진 기지 카나리아제도로 가자

"ALL STAND-BY" 원양 참치선 기관 시동 검은 매연을 뿌리고 뱃고동 울리면
홀로 고독한 항해를 위한 원양 어선의 처녀 출항 만국기 붉은 대어기 날리며 그녀의 영혼을 달래고 돌아보고 또 돌아보고
항구의 빈촌 1번지 남부민동은 물안개로 가물가물 부산갈매기 배웅이 끝나고 회유할 때
미나라이, 초사, 보슨*, 노련한 어로장 모두 우향우 부산 남항을 향해 애별리고(愛別離苦) 스무 달

"AHEAD" "FULL AHEAD"
원양 독항선(獨航船)은 지평선의 일몰을 따라 불사조같이 같이 푸르고 고독한 서아프리카의 검은 바다 라스팔마스로 간다

* 미나라이, 초사, 보슨: 고깃배 하급 선원 속어

추억의 대평동

부산항 대평동 손바닥 같은 작은 섬 영도의 마의 사각
지대 부산항의 교두보
영도다리는 절반은 남포동사무소에 의탁하고 절반은
영도구청에 등록하고
새벽은 영도다리로 출근하고
저녁은 통선으로 남포동으로 퇴근하는 수륙의 도시

1990년, 한국 어항 수리 조선소의 1번지
조선소 철공소 선구점 어로기점 개딱지술집
다방 수십 개
동장도 모르는 지번과 상호, 절반은 사장 절반은 뱃놈
들로 인산인해 적산 집 수십 채는 그대로 남아 유카타
입은 조센소 사쵸상*이 지나가는 착시를 본다

월명이면 고깃배 출항 전야에 밤새 춘자 옷고름을 만
지다 바다를 따라갔다 밀물처럼 들어온 미나라이 갑
판에 누워 달이 밝도록 깡소주를 마신다

선창다방 배 마담은 구청장도 알고 있는 대평동의 얼
굴마담, 옥색 치마 두르고 은쟁반 구르듯 호호
물, 술과 파도가 만나고 새벽은 다시 철판 두드리는
소리로 시작하는 영도 속의 교두보, 대평동

* 사쵸상: 적산집 거주 일본인 조선소 사장

할매 막걸리 집

고깃배가 어항에 정박하고 망루에 초승달 걸리고 약간의 슬관절통이 오거나 허한 객기가 발동하면 뱃고동 울리는 방어진 삼거리 욕쟁이 할매 막걸리 집으로 간다

술 취한 탁자와 비틀거리는 의자 몇 개
안주는 소라 고동 마른 멸치 몇 마리
그리고 풍상의 시간을 보낸 단골 가십거리는 돈다발 허리에 차고 다니던 선장 얘기,
우직한 대목수, 바람난 춘자댁 얘기,
포경선을 팔고 야반에 도망간 왜놈 얘기,
무라카미 조선소와 사라진 방어진 철공소 등등
막사발 두어 잔 취기가 오를 때면
고래잡이 명포수 하던 힘센 영감 자랑에 흥을
더하다, 수양딸 얘기에 우수에 젖는다

마지막 자랑 방어진에서 가장 시원한 막걸리 집 탁주는 3천 원 안주는 단돈 5천 원
선창 비린내가 녹아 있는 삼거리 막걸리 집
"다음 배 들어올 때 도망가지 말고 외상술 값 꼭 갚으래이"

깡깡이 소리

자갈치에서 하릴없이 막걸리 한잔하고
영도다리를 건너던 시절 파도 소리 뱃고동 소리 들렸다
다리 절반을 지나면 깡깡깡 하고 들렸다

나사렛집에서 살았던 누이 큰 파도 소리 들렸다
술 취한 선창에서 썰물 따라간 서방은 난파선이 되었다
동짓달 삭풍은 냉골 응달 선미(船尾) 아시바(발판)에 의탁한 채 손이 터지도록 뼁기가루(페인트) 날려 두드리면 하혈하듯 해가 지고 각혈하는 아침이 온다

지아비가 타고 가는 배 지어미가 뷰칠한 배 선수(船首)가 어로장 집 앞 봉창까지 올라와 깡깡 소리 들려도 아무도 모른 척한다
영도 경찰서도 모른다 한다
새벽 과수댁은 옥탑방에서 분칠하고 담장 너머 배로 출근한다
배가 좋아 깡깡깡 팔자가 더러워 깡깡깡

머나먼 스타반게르

동방으로부터 지구의 반대편 베르겐*항에서 여객선으로 스타반게르*항으로 여행할 때
바이킹 전설이 출몰하던 해안선에서 본 것은 동화 속 난쟁이가 살고 있는 듯한
예쁜 집은 고요한 파도 속에 숨어 있었다

해안선을 지날 때 언덕 위 북극 가옥 뒤켠 마구간에는 머리 큰 북극말이 끝없이 스칸딕 바다를 바라보고 있었다.
백야의 밤 지나고 아침 바다 저 멀리 지평선에 새끼 고래가 보일 듯 파동 치고
해안선 구릉가에는 이름 모를 노랑꽃을 피웠다

멀리 빙폭포수가 내려오고 산 노을은 붉게 타고 차디
찬 빙수는 깊고 깊은 피오르 바닥으로 흘러내리는데
저 배는 북해로 북해로 가고 있다
머나먼 스타반게르
멀고 먼 출장길 바다는 삶의 노정
북극 바다는 극한 유리피안(遊離彼岸)의 세계

* 스타반게르, 베르겐: 노르웨이 항구

삼천포 김 영감

삼천포는 유년의 화력 발전소 같이 뜨거운 고향
물살 센 남해 바다에서 청춘을 불사르고 거제로, 부산
으로, 기장대변항으로 멸치 떼를 따라오다,
슬도* 등대를 따라 계절풍으로 피항한 방어진항

18세 처녀 출항 유선호를 타고 어선 기관장이 된 김
영감 유랑의 이력서는 푸른 바다색 잉크로 쓴
단 두 줄 출생지 경남 삼천포 또 한 줄은 바다와 함께
어선 40년 나머지 여백은 하얀 파도 거품
기름만 퍼 마시면 미친 듯이 쿵쾅거리며 돌아가는 발
동기로 수억 겹 추진기로 돌아온 뱃길
기름과 술과 바다가 한 몸이 되어 버린 세월
돌아갈 수 없는 사연 아무도 모른다
삼천포 경찰서도 모른다 한다

비 내리는 슬도 너울 파도가 용암바위를 만취한 듯 두드리면
뜨거운 향수는 난파선같이 사라진 남해포구의 추억,
동백꽃 피던 바람의 언덕 선주집 수양딸 막내 아씨는
아직도 가슴속에 비 내리는 삼천포 아가씨 애잔한
뱃고동소리 들린다

* 슬도: 울산 방어진의 섬

제2부
세상과 함께

단풍 넥타이

아침에 소슬한 바람 불어 가을 산새 오는 소리 마당까지 들어온 가을은 창틈 바람을 타고 안방으로 온다

가을 가곡의 라디오 소리 이순의 가을은 세월 바람을 타고 가슴으로 온다

우리 단풍 넥타이 하고 뒷동산으로 갈까? 얼마나 단풍잎이 높은 산에서 오는지

새

귀여운 새 한 마리 그리움으로 오셔서 예쁜 노래 불렀다

나뭇가지에
둥지를 지어 줄까 바람이 불면 어쩌나

새순 돋을 때 예쁜 새 가셨다

온종일 봄비만 내렸다

산새

깃털이 얇아 추운 산새야
여기에 앉았거라

눈망울이 고와 슬픈 새야
저기에 앉았거라

거기서 예쁜 노래 부르다가

이 산, 저 산에
꽃망울이 오거든 가셔라
가서 꽃소식 전해다오

칸나의 계절

형! 여름이 짙어 가는 일산 바닷가에 칸나꽃 피었나요
하늘을 찌르는 듯이 붉은 기상으로 잉태한 불사조같이
태양을 따라 피어난 용감한 꽃 보았나요

그해 길고 무더운 여름길의 저녁
붉은 빛을 따라가는 한 무리 낙조를 보고
달빛이 올라오는 자리를 따라 피어난 붉은 칸나꽃 보았나요

여기는 해도 달도 없는 깊은 어둠에 어디선가 제각기
초내하지도 않은 이방인들의 집에 흰 칸나꽃 피었오

그 사나이 칸나를 심어 놓고 여름 달무리를 쫓아 갈망하는 가슴으로 크게 울어가고,
그 길을 따라 칸나꽃 향기 짙게 퍼지고 소낙비 내렸다

종이 향수

왼쪽 가슴팍 날개 양복 검정 지갑으로 들어온 종이 향수는
49.1세의 초가을부터 49.9세까지 남자와 살았다

출근하면서 열어 보면 상큼한 불란서 여자가 같이 걸었고
퇴근하다 열어 보면 플라밍고 춤을 추는 마드리드 선
술집으로 들어간다

추억으로 돌아가는 가을 백화점가 은행잎은 샤넬#5
여인같이 황금빛으로 물들고
상큼한 단풍나무는 여고생 일기장 속으로 들어갔다

중년의 가을
신상품의 불가리아 향수를 따라 왔다가 십자매 눈물
같은 첫사랑의 여운을 남기고 겨울 백화점 진열장 속
으로 사라지고 노래 가사 속의
"가을을 남기고 떠난 사람"은
SAMPLE 향수와 가을바람을 따라갔다

안티푸라민 여인

소학년 뒷동산을 뛰어다니다 엄마가 보고 싶으면
엄마는 안티푸라민 뚜껑에서 내려와 보드라운 손으로
손등을 만져 주었지

밤송이머리로 익어가는 소년 시절 독서실의 형광등
불빛으로 안티푸라민 누나가 다가와
무섭게 다가와 잠을 쫓아주었지

꽃수염이 까칠했던 체육 시간 발목 부상으로 양호실
에 누우면
분꽃을 한 바브민트향 안티푸라민 여인이 다가와 있었어

영어를 배우고 ANTI-프라민은 소염진통제 아님
ANTI-NURSE가 더 이상 아닌
푸라민 여인으로 생각했어

열사의 나라 건설의 현장
사막의 상처를 만져 주던 MOTHOR-NURSE 여인 격
동의 세월 지나고 가족 상비약 상자에
그때 그 모습 영원한 안티푸라민 여인

동해남부선

부산발 동해남부선 플랫폼에 들어온 기차는 긴 코트에 캡을 쓴 여인을 태우고
철궤도를 벗어나 코발트 빛 동해 바다로 달렸다
이 무궁화 열차 비둘기 시절부터
근대화의 경적을 울리고 달려온 기관사는 말한다
"수많은 사랑과 이별의 추억을 싣고 달렸다" 지금 그 삶의 허기를 채우지 못한 7080의 장년을 위해 이 열차 마지막 선로를 달린다
기차선로 위로 윤전기로 달리면서 이별의 노래를 프린트하고 있다
이것은 우리를 슬프게 할 마지막 이별의 기차 여행
사라진 부-울산 간 무궁화 열차 비둘기 열차 이후

슬픈 열대

검고 푸른 캘커타!
금발찌 맨발의 여인들이 보인다
실존적 자아인가, 선택받지 못한 수드라의 무관심인가 분장할 것도 신을 것도 거부하는가
여기에는 피곤한 자도, 걸인도, 상인도, 흰 소나 검둥개도 멍하니 길가에서 단지 내면으로 바라보다 어둠을 따라 사라질 뿐이다

빌딩과 야자수 나무 움집이 생존으로 전투하고 질서와 무질서와 육식과 채식이 공존하는 아직도 슬픈 열대의 무대는 계속된다
검은 천변 맨발로 달려와 1루피 든 소녀 밀가루 빵조각을 들고 꽃보다 향기로운 눈빛으로 다리 밑으로 사라졌다

편견과 아집이 강한 자여 여기서 물어보라 수억의 달콤한 꽃물을 받아 마신 시바신에게 언제쯤 슬픈 열대가 끝나는지

기관사

육상 선수였던 기관사
울산발 동해남부선 비둘기호 아침마다 청색 머리띠 두르고 달린다
덕하 공장 굴뚝을 지나면 날개가 시원하다 소꿉놀이 하듯 귀여운 남창역을 지나 배꽃 피는 서생 산허리를 달린다

이 열차 속성은 장거리 선수
임랑천 철교를 지나면서 요의를 느낀다 꽁지가 보일 듯 청사포 해안선을 달리다 눈부신 달맞이 고개 벚꽃 터널을 지나면 와락 숨 가빠온다

달궈진 철바퀴 해월정에 내려놓고 엄마의 바다에 입수하고 싶다
왕표 연탄 가루 날리던 동래역을 지나 에필로그, 생선 비린 부전역사
부산 아지매 맨발로 달려와 일등 도장 찍어 준다

벚꽃 트라우마

삼짇날이 오면 산 능선 아래에 핀 저 꽃구름을 보면
북망산천을 울렸던 상두꾼 앞소리 들린다

긴 겨울 보내고
제비 오기를 기다리다 저 구름 벚꽃 날리면 꽃상여를
따라가던
아낙의 가슴에 내리는 저 꽃

달빛 사이로 향불이 다 타도록 소록소록 소리 없이 지
는 몸서리치는 그리움으로 사라진
저 꽃에 대한 비감한 뒷소리 어하 어하 으하 넘차 으
하 해마다 봄이 오면
벚꽃에 대한 트라우마

사라지는 전화 부스

너무 많이 와 버린 유선 여행에 대하여 누구에게 물어볼 것인가
동전 몇 닢으로 먼 고향 소식을 물어보고
띠이, 딸그락하고 숨넘어가는 설렘으로 접선했던 첫사랑에 대한 신비롭던 회상
이제는 사라지는가

도망자를 찾아 뚜뚜뚜 던져 버린 연락 초소
술 취한 부랑자에게 마지막 유리창을 내주고 공중전화 부스는 어디로 가는가
오늘 월급날 맞지예 분유 사와요 아내의 애잔한 비애를 간직한 슈퍼삼거리 빵집 앞 빨간 전화 부스

전화국 트럭에 실려 가는 부스
비 오는 날의 우산 옆으로 앰뷸런스 지나간다 마지막 소리 비감, 스마트폰에게 물어볼 일인가 타임캡슐 속으로 사라질 예쁜 전화 부스에 대하여 그는 알고 있다
우리 동네 은밀한 밀담에 대하여

유랑

소년이 되면서 유랑은 시작되었어
아카시아 만발한 꽃무덤에서 소낙비 두드리는 나무숲
으로 잎새를 흔드는 바람을 따라 눈 덮인 산으로 오가며
릴케 시집을 읽으며
조금씩 청년이 되었어

3등 갑판원으로
온몸을 바다에 실어 바다로
머나먼 대서양 남아메리카 끝단 포클랜드로 오징어잡이
배를 타고 생애 첫 해외여행

어묵공장 옆 판잣집에서 유랑의 세월 다 보내고
적도로 사라진 친구의 SOS는 아직도 정박하지 못하
는 배

소쩍새 친구

소쩍새가 찾아오던 정든 감나무골
십여 년을 나를 찾아주던 소쩍새를 그리워하네 인사도 못하고 와 버린 매정한 인간
녹음이 깊어 갈수록 소쩍새 친구의 회한의 정
잊을 수 없구나!

마골산* 자락 솔밭터 옥류천
새소리 물소리 바람 소리를 간직한 명당 터 퇴근길 경비실을 지나면 천리향이 노동에 지친 빈 가슴을 안아 주었고,
동백꽃 목련 연산홍 철 따라 피워 신비로운
별밤을 간직한 아파트를 그리워하네

야반에 입주한 신축 아파트
탄약고 지하 두더지 갱도로 침입, 암호로 교신, 수직으로 상승한 이 못난 타워 아파트
홀로 고독한 야수같이 마천루 베란다에서 온종일 보초를 선다
저 멀리 온산 공단 흰 연기를 바라보면 와락 감나무골

로 탈출하고 싶은 아스퍼거증을 느낀다
무고집멸도(無苦集滅道)를 외쳐도
아직도 귓전 깊은 곳에는 소쩍소쩍 소리 들린다
그리운 소쩍새 마을로 회향하리라

* 마골산: 울산 동구의 산

희망버스

세계 제일의 조선소 58개띠 산업역군
가슴 죄는 억압으로 담배를 들고 옥상에 오르다 저기
동해 바다에 기선이 보이고
그사이로 고깃배들이 몸통 비틀며 지나간다.

불타는 열망으로 달려온 시간 이제 희망버스에 올라
야 하나
쓴 기침을 하고 아파트 문을 차고 나간다 비 내리는
아침 검은 가방을 든 사나이들 침묵으로 인사하고 버
스에 올랐다

여러분의 아름다운 용퇴를 존경합니다, 모든 사람이
종착역으로 옵니다
완행열차 아니면 급행열차
이제 내려놓아도 되는 시간입니다
가족, 건강, 재산, 취미, 백수의 일상 등등 공식일정
종료 귀농 아니면 귀촌

탑골공원 아니면 태화다리가 보이고 미동하는 도파민

그리고 세로토닌의 활성화 그들의 보편적 상비약 아스피린보다
의존적 프로작정이 필요할 듯

지하철의 일상

잠자는 열차에 아침 일찍 전기가 흐른다 SWITCH-ON
지금 이 열차 아직 졸립다
06시 가방을 든 학생과 새벽시장으로 가는 아낙이 소리 없이 코골이를 한다
08시 넥타이 부대가 기사를 열독하고 은행원은 지갑을 만지고 있다
10시 보험회사 아줌마가 고객 생일을 찾고
12시 할아버지 중절모는 세월을 잊어버리고 반백수 아저씨 점심 건수를 골똘히 생각한다 이 열차 허기를 느낀다
14시 향수 냄새 중년 부인이 손거울을 본다
백화점 들러 역전무도장으로 갈 채비를 한다
16시 할머니 약봉지를 들고 귀가한다
20시 만석이다, 봉급쟁이 중년의 다리가 무겁다 이 열차 아직 잘 달리고 있다
24시 술꾼들의 소리, 이 열차 피로감에 박카스를 마시고 싶다
25시 교향곡이 울리고 이 열차 마지막 역을 지나고 있다

SWITCH-OFF 깊은 잠을 청한다
내일 일정은 오늘과 같은 코스 가방을 든 학생이 타고
술꾼이 내릴 것이다

봄비

봄비가 내린다 동그란 원을 그리며 내린다 양철 지붕에 내린다 토 도 독, 토 도 독 스레트 지붕에 내린다 톡 톡 톡 기와지붕에 내린다 척 척 척
초가지붕에 내린다 소록 소록 소록 아버지가 다니는 주막집에도 내린다 술술술

그해 한여름 장맛비 내렸다 주룩 주룩 주룩 아버지의 말씀 물통 좀 가져와라!
깡통,
　밥그릇,
　　고무통,
　　　요강 있는 대로 가져와라

저기 논두렁을 지나 사립문으로 청개구리 입장하면 장맛비가 그친다
고기 잡으러 가자! 아버지 말씀하셨다.

아버지도 빗소리도 없는 공허한 아파트 유리창 밖에서
비애 비애 비애 하고 비 내리면
창가에 서서 손가락으로 봄비 봄비 봄비라고 쓴다

동축사 법구

그해 가을 마음이 번잡하여 동축사*에 올랐다
법구와 나의 눈은 일시 정지, 무량겁 업연으로
한동안 접선되었다
그는 어디서 왔는가
어느 속가 보살님의 지극 청원으로
탁발 시주승에 보시한 시주 강아지로 왔나
상좌스님이 언양장에서 바루망에 담아 온 것일까 선조께서 법구로 환생한 것인가
공양간에서 귀엽게 자라
조석으로 불경 소리 들으면 이미 삼보에 귀의하여 팔정도 선정에 들었는지 고요한 품행으로 절간을 지키고 있었다
일체고에 벗어나지 못하는 사바 중생인 나에게 법구는 무애의 자비로운 눈으로 금구의 말씀을 설하였다
이 인연으로 몇 해 후 나도 불자가 되었고
법구에게 사홍서원을 답하였다
옴마니 반메훔 옴마니 반메훔

* 동축사: 울산 동구 마골산 사찰

신장 위구르

한국에서 칼국수를 시켜 놓고
신장 위구르 식당의 도삭면(刀削麵)을 생각한다
파미르 고원을 지나
거친 타클라칸 모래바람 헤치고 사라진 타타르인의 후예
칸의 형제들

설산의
풍광 초원을 달리는 기상 백옥 같은 피부
서양의 몸 절반은 동양의 눈 모계의 움-유라시아
산이 높아 고원에 갇혀버린 유랑의 민족

들어보라 모캄의 노래 산천을 울리는 천상의 소리 영
혼을 깨우는 바람의 소리 초원의 소리
중화 인민 공화국에 동화될 듯 말 듯
중원 변방 아직도 길들여지지 않는 바람의 민족

아내의 경제학

우리 집 냉장고엔 아내의 경제학 1호 마늘떡이 위세 좋게 백색 공간을 점령하고 있다
수확철마다 손톱이 아리도록 껍질을 벗겨 비닐팩에 9층 마늘탑을 쌓아 놓고 조석으로 하례한다

단 한 가지 반찬 기술, 밥이 없어도 떨어지지 않는 콩나물 사랑, 새색시 때부터 잊지도 않고 연속극을 보며 졸리는 눈으로 콩나물대가리 쓰다듬는 중독된 습관, 다섯 식솔을 위한 키 큰 콩나물 무침은 아직도 락앤락 통에 자리한 경제학 2호

아내의 애장품 일제 카트기, 문외한 삼 남매에게 쭈쭈바를 물리고 번개맨이라 추켜 놓고 자득한 카트 기술, 특강으로는 쫄바지 사랑, 조끼 시리즈와 100~170mm 7종 아동화 동시 구매 기술은 3호 경제학의 극치

마지막 4호는 고금리 분산, 헌집 팔고 새집 사고 저층
에서 고층으로, 우리 집 경제학 박사는 지금도 미래를
위한 실용 경제학 출강 준비 중
철없는 신랑의 때늦은 성찰, 아내의 숭고한 노고와 지
고한 가족 사랑에 대하여

구층 베란다의 닭

꼬끼오!
저 소리 먼 시간의 캡슐을 열면 산과들을 지나 초가집 사립문이 열리고 마당이 보인다 원초적 영혼의 안식을 흔드는 소리
여기는 전자음과 경적 소리만 들리는 건조하고 어두운 차폐된 공간에 꼬끼오! 꼬끼오! 소리 들리면
융에게 묻지 않아도 인간은 행복하다

9층 할아버지가 태화장에서 사온 병아리 연홍 벼슬이 돋아 세찬 날갯짓을 하며 꼬끼오 할 때 어디로 사라졌나 9층 베란다의 소리

꼬끼오 하면 까까머리 꼬추동이 멍둥개 다 모여서 의성어를 배우던 초립동의 외갓집을 그리워하네 여기 고립된 이 아파트 공간에
밤새 백색 냉장고 소리만 들린다

소쩍새

누구를 찾아왔는가 심경을 울리는 저 소리 해마다 5월이 오면
삼경까지 소쩍새 우는 소리 소쩍 소쩍

빗소리 타고 오는 저 소리 친구를 찾아왔나
누이를 찾아왔나
밤새 애가 타도록 누굴 찾아 왔나 머얼건 새벽이 오면
어둠 속으로 사라진 소쩍새

바람 타고 오는 저 소리 밤마다 누굴 찾아오는가 목마르게 가슴 아픈
나에게 찾아오는 소쩍새 소리 소쩍 소쩍
마골산 동축사 입구 벽산 아파트는 울산 동구의 착한 소쩍새 마을

대한항공 100회

암스테르담을 경유 머나먼 백야의 도시 북유럽 오슬로 야간 비행 다시 눈 덮인 선로를 달려
바이킹을 찾아 베르겐항, 어떤 때는 볼다로 피노이섬에서 새끼 고래를 보다, 택시 보트를 타고 제임스 본드 같이 스칸딕 호텔 프런트에 도착

취리히 알프스 산맥을 날아 디젤박사의 고향 옥스브르그 MAN DIESEL사로, 고속 열차 이체를 타고 뮌헨의 옥토브 비어 페스티발에 참여
TEN BOTTLES을 든 바바리안 여인을 만나다

찰스드골 공항을 거쳐 미라보 다리에 누워
샹송을 들으며 세느강을 유랑하다 몽마르트에 올라
에펠탑을 보고, 샹젤리제에서 리도쇼를 보다
몽환적 착시를 느끼며 남부 마르세이유로

대한항공 100회, KE1604. 2011-10-30, 35C, C.S.KIM

출장의 추억

만리장성의 출발선 산둥반도 산해관 노룡두에 올랐다
진황제를 보고, 기차를 타고 청도에서 베이징으로,
상해와 남경을 오가는 고속 열차에서 삼국지를 읽으며
선전에서 헬기를 타고 남중국해 시추선으로
다시 페리선을 타고 홍콩 빅토리아 항으로 입항

불타는 사막을 건너 두바이 무역회관에서 프레젠테이션을 하고 아이스크림처럼 녹았다
중세 콘스탄티노플의 발자취를 따라가 본 이스탄불
탁심 광장에서 터키 행진곡을 듣다
여객선을 타고 보스플러스 해협을 지나 투즐라항 일드림-조선소에서 30일 체류, 모스크에서 코란을 듣다
오 알라신이여 내 고향으로 보내줘, 인샬라 인샬라

이탈리아 파도바를 거쳐 마르코폴로의 고향으로,
베니스 항구는 밀물에 잠기고 사육제 가면을 쓴 곤돌라 사공은 그 시절 그대로, 소피아 호텔에서 카사노바를 만나다
이탈리아 반도 건너 크로아티아 자그래브 항에서 적포도주와 무화과 열매로 여독을 씻었다

도화(桃花)

우리의 병아리 교실로 선생님의 예쁜 손을 잡고 교실 앞뜨락까지 왔을 때 복숭화가 피었구나 하였다
분 내음, 벌, 나비도 같이

비, 내리고 봄날
4월 경부선이 청도 밭자락을 돌아 선로를 달릴 때 복사꽃이 화사하게 만개했어예, 핸드백을 열며 메이크-업 하던 여인, 첫선 같은 그 느낌

중년의 봄
다시 전율하는 그리움 그 꽃의 비애는 인간의 마음에 영원하게 필 것 같은 봄의 화신과 같이
차창에 도열한 그 시절의 꽃
저 복사꽃 피는 언덕 너머로 밭일하는 아낙의 마음속에도 도화꽃은 아직 아련한 향수

자결의 꽃

남국 바람을 따라 태풍 경로로 북상하는 사쿠라의 계절
무명의 사무라이가 사쿠라 만개한 중산간에서
밤새 결투를 하다 꽃잎과 함께 산화한 자리
선혈이 흐르다

해마다 산벚꽃 구름산천 덮을 때 꼬불꼬불 산길을 따라나선 꽃상여 북망산천 따라가신 님의 푸른 비감의 상엿소리 들린다
어매 어매 우리 어매!

자결 행진을 위해 남국의 바람 타고 피는 화려한 군상
벚꽃 기상도가 그려지면 벌써 표독스런 춘정(春情)이 진한 통증으로 온다
직박구리 떠나기 전에
간호사! 간호사! 겐타마이신

중고 人生

첫 비둘기 둥지는 연탄창고 옆 주인집에 기댄 냉골 월세방
한겨울 삭풍은 이중 비닐 문풍지를 뚫고 들어왔다 첫 딸 첫차는 고물상에서 구출한 아프리카 유모차 삐걱대는 소리 참새도 벌도 나비도 같이 노래했다

중고 자전거, 재활용품, 가계부를 들고, 3탄-4탄 전세방을 거쳐, 격동의 고도 성장기, 첫 마이카로, 18만㎞를 달린 엑셀 적토마 악세레다를 밟으면 거친 숨을 몰아쉬며 노동자 땀이 얼룩진 집을 거쳐
새 둥지로 옮겼다.

45세 그 시절은 중년, 아이들도 中, 高生 그 시절
퇴근길 집 모퉁이를 배고프게 달려오면
아내의 연주 "소양강 처녀" 이관을 두드리는 맑고 애잔한 중고 피아노 건반, 한 계단 한 계단 여음을 올려 보낼 때 APT 계단을 오르며 "못난 애비 못난 애비" 했다

꽃피고 지고 5월 전하만의 왕벚꽃이 솜방망이처럼 필 때 입주한 "27층 마천루 명품 타워 아파트" 아내는 밤새 공주처럼 울었다.
"웨딩 행진" 후 "중고 행진"에 대하여

왕벚꽃

근대화의 울산 일산만
만 세대 아파트가 건설되고 왕 회장님 왕벚꽃을 심었다 이봐! 잘 키워, 하셨다

수백 척의 배가 건조되고 용접공이 모여 사는 일산 아파트엔 남국의 해풍을 타고 4월 벚꽃이 지면 5월 또다시 솜사탕 같은 왕벚꽃을 피웠고
벚꽃나무 아래 타향살이 이웃집 형수 코흘리개 검둥개도 같이 화전을 붙여 달빛 늦도록 술꽃을 피웠다

어촌마을 단발머리 누이 옥색치마 입고 시집가고 팽창된 마을 부르주아의 도시 이국 멀리 이방인들이 오고, 서울서 온 측량기사 정사각형의 재개발 측량으로 수령 30년 수백 수 왕벚꽃이 사라진 일산 마을

이름 모를 신축 수목엔 새도 나비도 별도 없는 봉수로 290, 이 못난 타워형 APT엔 온산 공단 연기만 가물거린다. 그리운 일산 APT 왕벚꽃은 추억 속의 앨범으로 남아 깊은 패닉증을 앓고 있다

제3부
유랑의 세월

바지선

나의 육신은 랴오닝성 단동 조선소에서 건조된 본체
영혼도 추진체도 없는 비자항적 철갑상자
공하디공하고 허하디허한 용골을 가진 갑판
선하고 선하여 아상도 수자상도 없는 피동적 존재
바다의 신 넵투누스의 심부름꾼
어떤 인연으로 예인선 코뚜레에 끌려다니는 바다에 떠도는 장기부용선
살갖은 태양에 거슬리고, 갑판은 수백 톤 중량의 짐짝으로 결박되거나 해체되어, 이완된 철근육은 탄화되고, 폭풍우에 노출된 30여 년의 한국해를 항행한 세르파의 노역
태풍이 올 때마다 그녀를 달래주는 노쇠한 바지선을 함께한 자, 하급 고깃배에서 퇴역한 달리트급* 선두(船頭)* 그의 마지막 화두는 그녀를 축복시킬 "영원한 시바의 꽃물향기 가득한 바라나시"로 가는 길
선체를 씻고, 하류로 흘러 벵갈만의 쇠락한 폐선으로 해체되고 힌두스탄의 제철소에서 환생하는 회향을 본다

* 달리트: 인도의 천민 계급
* 선두: 바지선 선장

船頭(선두) 하산보이

권투를 사랑한 나사렛 출신 하산보이는 바다의 두목 그의 닉네임
젊은 육신을 불태워 공방 막노동판에서 일하다 시작한 권투 미숙한 스파링은 출소 후 바다와 함께한 인연으로 가방 하나 메고 오천 톤-일만 톤의 바지선 운동장 링에 올라 철판둥이와의 결투는 삶의 원천

고깃배에 올라 3등 갑판원으로 한평생 바다와 선창을 떠돌다,
마지막 그의 직함은 선두(船頭)
그의 항로는 신호등 없는 망망대해 정박지는 조선소나 중량화물이 있는 부두, 나를 찾는 자, 안전모를 쓰고 거수경례를 하고 승선 신고를 요함

나의 영혼은 바다의 난폭꾼 바다의 두목 언제나 끌려다니는 멍텅구리 부용선의 푸른 완장을 찬
그 이름은 하산보이 거친 머리칼 콧수염을 하고 있음
파도에 실종된 청춘 갈 곳도 찾는 이도 없는 바다의 철갑 격투기 선수
나와 결투할 블랙맨은 갑판으로

구인사 천도재

소백산 연화봉에 장엄 거불소리 들린다
옷깃이 차가운 늦가을 구인사 설법보전
덕재스님의 구성진 천도재 고음성 공양이
천상에 도달한 듯 육중한 태징 소리가 봉송재로 향할 때
설법보전 주련가에 머리 조아려 울먹이는 저 사미니
보살의 알 수 없는 속가 사연이여

하늘을 울리는 회심 공양이 변음으로 승천할 때
눈 못 뜨는 보살님의 남모를 슬픈 사연
적멸궁에 홀로 계신 상월대조사님 저 보살님의 기도
를 들어 반야용선에 올려주소서
가을비 내리는 구인사 경내 울리는 법고 소리
두두둥-- 두두둥-- 바람 타고 들린다
관세음보살 관세음보살

청령포행 등기 우편

겨울 가마우지도 잠든 새벽 구불구불 맴도는 서강 언덕에서 청령포구를 바라보며
세조의 접근 금지 등기 우편을 들고 수심에 잠겼던
17세의 어린 동안 소년 홍위군을 그려 본다

날지도 못하는 새가 되어 육지섬에 박제되어
관음송에 홀로 앉아 회한을 품은 왕후로 향한 접근 금지를 보았다

강물은 흘러 흘러 사후 200년 때늦은 금표비, 역사적 보존적 비문이여 단종이시여 국치의 어명으로 이한 천추의 한을 내려놓으소서

여기 사후 500년 접근 금지 등기 우편을 든 어리석은 백성이 회한의 눈물을 머금고 가노니 불면의 시간을 거둬 주소서

의열사 엄흥도

흥도 충신이시여 울지 마세요
열렬 영월의 열사시여 울지 마세요
청령포 어소에 갇혀 왕후를 그리다 갈 수 없는 한양을 그리다
옥체마저 차디찬 서강 강물에 던져진
비운의 대군이시여
새털보다 가벼운 어린 단종의 옥체를 허리춤에 안아 모시고 붉은 강물을 따라
홀로 사라진 영월 충신의 의로운 거사여
영월호장 충의공이시여 영면하소서

적도의 나비 부인

대항해시대 말레카 해협의 관문에서도
적도의 도시국가 싱가포르 마리나베이에서도
적도의 스콜은 언제나 새로운 시작,
변하지 않는 초록 잎은 영원히 푸르고, 지구본의 시작
점이자 지구의 중심-0도

아득한 남중해(南中海)로부터의 머나먼 뱃길로
선대 선각자들의 대이동 후에도
언제나 스콜은 새로운 패러다임으로
메트로 도시 국가가 탄생된 곳
어떤 인연으로 싱가포르(新加波) 새로운 파도
사사상이 보이는 플래튠 호텔에서
사돈가와 적도의 교류를 하였다
동방의 신랑 입장, 적도의 개척자 가문 공주 입장,
그리고 보았다 적도의 귀부인, 날아갈 듯 사뿐거리는
총총걸음으로 오신 붉은 드레스의 나비 사부인 평온
한 적도의 미소
홍콩에서, 대만에서, 상하이에서 훨훨 날아온 나비
부인의 가족들도 모두 이 결혼식을 축복하여 주소서,
스콜 후 새로 탄생되는
적도의 나비같이

때늦은 축사
(unreaded wedding congratulation)

동현, 쿠릴해에서 남하하는 해류를 따라온 한국의 미남 신사(Doctor kim)와 경혜(Master yang), 말레카 해협 적도의 메트로폴리탄 싱가포르에서 온 진주 규수와 성서로운 결혼 서약이 이뤄지는 이곳 유서 깊은 플래튠 호텔에서 결혼식 축사를 보낸다
바다의 신 넵튠이여 이 한 쌍의 부부를 위하여
태평양으로 향한 멀고 먼 긴 항해를 위한
잔잔한 아침 뱃길을 열어 주소서

This is an unreaded wedding congratulation message to dong hyun and rachel's wedding on APR.20.2024 in Singapore Fullerton hotel
I have asked Neptune to open the calm morning sea for their long voyage towards the pacific

손녀와 옥수수수염

1학년 손녀딸이 물어왔다
할아버지 아기 옥수수 머리는 흰색이고
이모 옥수수 머리는 노랑색이고
할머니 옥수수는 검정머리인데, 왜 그래

난 몰라, 할아버지가 흰 머리라 나도 몰라
손녀는 귀여운 손끝으로 옥수수 껍질을 까면서
갸우뚱하며 물어봤다
그러면 할머니에게 물어봐
아니야 할머니는 잘 몰라 맨날 맨날 염색하잖아
아 그렇네
그럼 아빠와 엄마에게 물어봐
아니야 엄마도 아빠도 옥수수에 대해 나보다 몰라
아, 그렇네 어쩌지
그럼 학교에 가서 선생님에게 물어봐
아니야 아니야 아무도 몰라
햇님에게 물어봐야지

사라진 산업 전사

한국 제1의 산업 수도
개띠들의 연대급 퇴역과 함께 특공대원들이 사라졌다
아직도 부표하는 HYUNDAI의 노병들은
방어진 방파제에서 낚시를 하거나
동울산 시장 선술집에 앉아
레고 자동차 조립, 불장난 용접 얘기, 철야 작업 얘기를 하고 있다

간밤에 가죽옷을 입고 TANK 속으로 들어가는 악몽을
꾸기도 하고
조립 컨베이어에서 로봇 춤을 추다가
한여름의 빙수통을 잃어버리는 꿈도 꾼다

멸치 떼처럼 모였다 계절풍을 따라 사라졌다
모두들 어디로 가셨나
여전사로 변한 사모님 등쌀에 잘들 살고 있는가
통신 불통 아들딸 어디에 있는가

무임승차 지공선사로 동해선을 타고 가는가

어느 병원에 계시는가
태화강다리에서 장기를 두고 계시는가
용접 얘기 그만하고 바람처럼 물처럼 살다 가리

큰 발 손자

1학년 손자는 170mm 나이키 운동화를 신고
노랑 책가방과 파란 필통을 들고
촐랑 똘망 그리며 학교로 달려갔다
240mm 구두 신은 엄마 손을 잡고 입학식에 갔다
부전자전 할배 신발은 280mm 할매는 250mm

손자야 큰 발로 성큼성큼 학교도 잘 가고
손자야 어서어서 자라서 왕발장군이 되어라
대나무보다 크게 자라서 280mm 큰 신발을 신은 나라
의 큰 일꾼이 되어라
꼬추도 큰놈 왕꼬추 손자

변산 고사포해변

외변산 닭이봉 장닭 울음소리 칭다오 해변으로 보내고 내변산 산새들이 고요한 새 아침을 깨우면 변산반도 모래사구 고사포 해변 칠게들이 월광 사생대회를 마치고 바다집으로 간다
상현달에서 하현달까지 칠게들 소꿉장난하듯
모래사장에 환칠하듯 바다운동장 모래도화지에 옮겨진 칠게해수도(海水圖)를 그렸다

야월오경이 지나고 장닭이 울 때까지
썰물에 그리고 밀물에 지우는 칠게해수도는
물 때 따라 깊이를 달리한다
깊은 바다 얕은 바다 물감은 하나
달명암은 색도의 원천 파도는 볼륨 터치
게걸음은 자연지능적 붓질의 극치
보름달엔 견우직녀도, 초승달엔 토끼화상도
용궁화랑에 걸렸네

실상과 허상

실상과 허상을 보낸 무명의 가객
용접봉과 T-자를 들었던 조국 근대화의 기수
공학과 인문학이 얽힌 실타래는
한평생 풀지 못하는
대뇌 속에 굳어 버린 어혈 화석

생업과 이상 속에 숨겨진 본성은
삼각형 꼭짓점 위 유랑의 업보
바다로 가라, 산으로 가라
실상과 허상의 골수는 편린적 흐름으로
만성 아스퍼거 두통으로 남았다

이제 짜라투스트라의 정신은 버리고 떠나리
서해 바다 위도띠뱃놀이 배 떠날 때 띠배를 빌어 타고
허수아비와 뱃전에 누워 갈매기 군무하는 풍장의 섬
고군산도(古群山島)로 가리

달사냥

미인을 흠모한 도심 TV와 U-TUBE는 기상부터 취침까지 달사냥을 하고 있다
도심의 전철과 버스에도 달사냥을 하고 있다
광고주의 중독된 달사냥 함락된 방관국회
서울역은 서울약국으로 부산역은 갈매기횟집으로 역명이 바뀌고
길 잃은 촌로는 향수의 역사를 찾지 못하고 그믐달에게 서울역을 물어본다

만달이 찬 보름달 미인의 얼굴을 찾아 은행가도, 기업가도, 정당도
초승달과 그믐 사이에서 엽전 서너 푼 올려놓고 달사냥을 한다

하현달 이후 그믐에 낀 도시의 사이보그 유랑자여
보름달은 우주의 질서 초승달에게만 허여된 지존 존엄

故, 한석근 선생님을 그리며

지난 2015년 봄날 울산 옥교동 문화의 거리에서 선생님을 만나 청하문학회 회원으로서 인연으로
"한 송이 연꽃을 피우기 위한 일념으로"란
습작 시집 서문을 받아 일생의 기쁨이 되었다

"시궁창에서 꽃을 피우는 연(蓮)은 화과동시(花果 同時)의 식물이며, 처염상정(處染常淨)이며, 어떠한 난관 속에서도 본연을 잃지 않는 석존의 정신이다. 상춘(賞春)의 초록이 온 누리에 짙은 보료를 깔고 이팝꽃, 아까시꽃, 찔레꽃으로 한 수를 놓고, 성장을 이루는 계절 어느 날 김찬선 선생이 나를 찾아왔다 --중략
선생의 시 속에 숨어 있는 인간적인 삶의 솔직한 표현과 바다와 함께한 여정 속에 진솔한 마음은 한 송이 연꽃을 피우기 위한 일념으로 승화되기를 기대해 보면서 새로운 시인의 탄생을 기쁜 마음으로 생각한다"

항상 중절모를 쓰셨던 고래를 사랑한 온화한 기품과 울산지방 문화생을 향한 고귀한 사랑 잊을 수가 없다
故, 한석근 선생님의 영면을 빕니다

제4부
미곡미실 산골에서

시선시당 입주

간밤 꿈길은, 이순의 노구로 살아온 나룻배 한 척을 낙동강 하구에 띄워
황포 돛대 소금 장수 뱃길을 따라 원동으로
근대사의 애환 서린 삼랑진 철교를 지나 남지 수로에서 하선하였다
하늘왕릉길 송현동을 지나 고암면 감리 저수지에 도착하니, 이제 도솔천
초승달 쪽배로 갈아타고 비단물결을 헤치고 감리 저수지를 건넜다

아 길몽이구나, 미곡미실*길 도착, 일면불식 인연으로 40년 해양 공방 노역으로 지친 노인에게 남평문씨 4칸 선비집이 반겨주니
화왕산 막걸리로 삼배하고 고택에 입주하였다
시선시당(施善詩堂) 백세청풍(白世淸風)이라 문풍지에 붙여 놓고 푸른 바람과 함께 오래오래 머물다 가리

* 미곡미실: 창녕군 고암면 감리 미곡미실 마을

미실 마을 감로수

한여름의 월명날 앞산 쌍봉 낙타능선에 야상곡을 듣고 구름을 헤치며 만월이 뜨면
미곡미실* 할매 정안수 곱게 떠서 은방울 소리로 낙타를 부른다
산이 좋아 물이 좋아 오솔도솔
달이 좋아 덩실덩실 가버린 한 백년
쌍봉낙타야 저 달이 감리 저수지를 비추거든 어서 가서 달항아리에 감로수를 가득 담아 화왕상 감리마애여래상 불전에 올려주고, 청간재 언덕에 누운 문 영감 사성에도 부어 주렴.
그리고, 목이 말라 천왕재 고개 너머 도시로 간 아들 딸, 새끼 손자에게도 달고 단 감리 감로수를 날라 주렴
야월삼경이 지나도록 미실 할매의 간절한 기도에 달항아리를 진 쌍봉낙타는 천왕재를 기웃기웃 넘고 있었다
약사여래불 약사여래불 약사감리마애여래불

* 미곡미실: 창녕군 고암면 감리 미곡미실 마을

산새들의 합창

아침 해가 뜨기 전 산골 너머의 햇살이 작은 눈가를 적시며 파르르 고개 떨어 단잠에서 깨어나면 미실 산새는 노래한다
배고픈 아기 새도 어미 새도 아침도 안 먹고 새들은 합창을 한다
아랫마을 장닭도 큰 소리로 목청을 돋운다

목청이 가냘파서 아름다운 옥소리 합창,
키 큰 대나무숲은 바람개비 악단장
잡목과 관송은 앉은뱅이 오케스트라 단원
산새들은 합창단원,
짜르르, 후르르, 소쩍 소쩍, 뻐꾹 뻐꾹
산새야 노래하여라 바람 타고 노래하여라
백세청풍 다하도록 노래하여라
산새와 같이 잠들고 산새와 같이 일어나는 미실 관객
무전무표 무 좌석 부뚜막에서도
고택의 툇마루에서도 산새 소리 들린다

산토끼

산토끼 토끼야 묘봉산 산토끼야
나를 숨겨 다오
토실토실 산토끼 미실 토끼야
나를 숨겨 다오
도시에서 온 머리 아픈 늙은 토끼를 숨겨 다오
산이 깊고 아늑한 산골짜기 대숲
산새소리 합창하는 토굴에
꼭꼭 숨겨 다오
부릉부릉 우체부가 와도 모른 척
완장 찬 경찰서장이 와도 모른 척
새마을 모자를 쓴 면장이 와도 모른 척
천왕재를 건너 검은 이방인이 와도 모른 척
공사판 반장이 와도, 간호사가 와도 모른 척
저 달이 뜨기 전에 깊은 골짜기에 숨겨 다오
산토끼 미실 토끼야
우포늪 따오기 하얀 옷을 입고 놀러 오거든
솔가지 대문을 활짝 열어 주렴

고택에 내리는 소나기

백 년 고택 처마에 내리는 한여름 소나비 낙숫물 소리는
낡은 영화관 필름으로 비 내리는 영상을 앞산 대나무
숲 50인치 스크린에 투사하고 있었다
농익은 기왓장은 소낙비를 침묵의 흡음으로 소록소록
감싸안고
한 편의 전쟁 기록 영화를 상영하고 있다

저공비행하는 프로펠러 비행기 출현 경보, 빗발치는
빗소리 비산하는 탄환
쓰러지는 나뭇잎
소나기 전투가 끝나자 붉은 잠자리 출현
면장에게 전황을 보고한다
빈대, 모기, 애벌레 전사, 집집마다 단감 낙과
산새는 노래하고, 하늘은 청명, 개울물 잘 내려간다
오버(over)

따오기 이장님

따옥 따옥 미곡교를 지나 미곡 마을 초입은 따오기를 사랑한 따오기 이장님 댁 24시간 보초를 서고 있다

보험금은 현대해상에 주고 급할 땐 따오기 이장님께 SOS SOS
개울가 다리를 건널 때마다 거수경례 충성 따옥
따오기 삼촌, 따오기 오빠 따오기 아재, 따오기 조카
우리가 위험하면 따박따박 따오기처럼 트랙터를 몰고 달려온다, 119가 오기 전에

천왕재 미곡수, 화왕산 청간수가 합수하는 감리 감로수는 달고 향기로운 따오기 미나리 농장의 특급 곡간수
입춘부터 제비 오는 춘삼월 첫 수확은 언제나 산새와 다람쥐가 맛보고
목 넘김이 깊고 달면 따오기 이장님 일등 화왕산 미나리 지고 온다, 부녀회장과 같이 온다
어서어서 놀러 오이소 따오기 농장에 오이소

십장생화

고택의 툇마루에 앉으면 대숲 포란형 앞산은 산새들을 불러 굿판을 벌인다
중심부는 대숲이고 그 외곽은 금송
가장자리 능선은 잡목으로 경계하고 산바닥으로 개울이 흐른다
흰 소 같은 털보 구름 지나고 박수무당 산새들이 앞소리를 해주면,
대나무숲은 노잣돈 없이 하루 종일 굿판에 춤을 춘다
서걱 서걱 서거럭거리는 소름 돋는 휘파람 소리
그러다 접신하면 소낙비 내리고 변음조로 천둥과 번개를 후려친다

노도 같은 풍파가 지나고 신내림이 끝나면 노랑나비 하얀 나비 출현하고 고추잠자리 편으로
화왕산 아기 사슴 초대하고, 우포늪에서 따오기 손님이 놀러 오면
대숲이 일동기립 청정고요
고택의 이방인은 툇마루에 홀로 앉아 대붓 뚜껑을 열고 서툰 필치로 무한 영생의 십장생을 그린다

대문을 열어 주오

닫혀진 노랑 대문 파랑 대문 철 대문을 열어 주오
산개구리, 벌, 나비, 고추잠자리, 산새들이 놀러 오게 대문을 열어 주오
잠시 마당에 머물렀다 가게 대문을 열어주오

고향편지가 들어오게 대문을 열어 주오
목마른 나그네 물 한 모금 먹고 가게 대문을 열어 주오
미실 할매 잃어버린 은비녀의 기억을 찾게 대문을 열어 주오
멀리서 친구가 찾아오게 마음의 문도 열어 주오
인생삼락을 찾아 대문을 열어 주오
캠카메라도 접어 주오

각시가 온다

각시가 온다 각시가 온다
길을 열어주오
대바구니 가득 하얀 시루떡에 노랑 콩고물을 몽실몽실 덮어 파란 저고리 입고 온다
천왕재를 넘어 각시가 온다
어화둥둥 내각시가 온다

떠나가신 미곡 할매 아바타로 변신하여
달뜨는 화왕재를 넘어 꼬물꼬물 내려와
감리 저수지에 쪽배를 띄워 단술을 가져 온다
어서어서 가 보자 백년 감주의 뚜껑을 열어 보자
꼬부랑 개울길을 열어주오

비사벌*에서도 호호둥둥 누이가 온다
색동저고리 입고 우포막걸리를 이고 온다
어서어서 가보자 청사초롱 들고 가 보자

* 비사벌: 신라시대 창녕의 옛 지명

산새와 함께 자자

사방팔방 산골 미곡미실 마을에 오면
산새와 함께 자고 산새와 함께 일어나자

뒷산 해거름 낙조가 앞산 도화지에 산수화를 그리고
낙타봉 능선에 달 뜨고
감리 저수리에 새색시 목화 양단 보료를 깔면
앞산 대나무숲이 저녁 예불을 하고
산새들은 사르르 열반에 든다

산으로 간 할배도 들에 나간 할매도 산새와 함께 자고
천왕재 아기 고라니 묘봉산 산토끼도 산새와 함께 일어난다

허이 허이 사라져라 잠 못 이루는 도시의 밤이여
잠 못 자는 중생이여 산골로 오라

면사무소에서 알립니다

띵동 띵동 새아침이 밝았네--
군민 여러분 지금 날씨가 억수로 푹푹 찝니더
아침저녁으로만 논밭에 작물 살피러 가고요
퍼떡 갔다가 퍼떡 오이소,
배암이나 멧돼지를 보면 새가 빠지게 달라빼고
자빠지거나 누가 아프면 119에 기별 주이소

일단 집구석에 들어오면 얼릉 바람통을 키고 보리찻물을 한 사발씩 꼭 챙겨 드시고 피곤하면 벌러등 눕어 자뿌이소
누가 오면 금방 문 열어 주지 말고 모기가 들어오니 빼꼼히 쳐다만 보고요
그래도 몸서리치게 덥고 머리가 팅하면 후다닥 마을회관 쉼터로 얼음바람통에 삭후러 가뿌이소
그리고, 해거름에 저녁 묵고 심심하거든 모정에 마실 가이소

요번 달 농약, 비료 구매는 복달 지나가면 할 거니, 설치지 말고 기다려 주시고요.
끝으로, 우야든동 이번 문디거튼 찜통더위에 몸 관리 단디하여 추석까지 잘 버텨 주이소

이상, 고암면 신입 9급이었습니다

흑묘 백묘

묵향이 밴 백년 고택 다락방에 모셔진 벼루와 먹과 붓
한지에는 흑백묘 그림 한 점
선비가 떠난 고택엔 나의 친구 흑백묘 두 마리 활묘가
되어 고택을 지킨다

선비가 떠난 고택 5도2촌으로 다니러 오면
흑묘 백묘는 4칸 고택 출입문 디딤돌에
곰방대를 물고 누워 선비 노릇 하고 있다
도시 백수가 다가가면 호연지기 걸음으로 사뿐사뿐
양반처럼 물러선다

도시 백수에게도 백년 고택에서
할 일이 생겼다
사료 주기 물 주기
툇마루에 누웠다 하늘 보고 물 먹기
별밤 보며 꿈꾸는 별밤지기

마을 노제

누렁 소달구지를 타고 대처로 나간 애비가 검정 소나
타를 타고 돌아왔다

반백 년 먼 싸릿대문 집에서 보던 산골 개울가 사라진
산골 아낙들의 빨랫방망이 소리 들린다
앞선 어미소 뒤따르는 송아지 요령 소리 들린다
검정바지 고무신을 신은 미곡 꼬맹이들
고무신을 뒤집어 배를 만들고 물장구치는 소리 들린다

마을 어귀 떡갈나무 그늘 아래 새끼염소를 묶어 놓고
살구받기하던 단발머리 순이 누이도 보인다

검정 중절모를 쓰고 부고 전보 한 장 들고 왔다
미실 할배 백년 유랑의 세월, 개울가 물줄기보다 많은
전설 남기고 마을회관 흰국화 길에 노제가 열렸다
어이어이 우리 아배 반야용선 타고 가네

상가 귀갓길에 고암면 서기는 1920 빼기 1은 1919
하고 가네, 또 빼면 1918 하고 가네

양파

할매는 없고 손자는 서울에 있는 창녕 할배는
한여름 해거름 밭일을 하고
화왕산 막걸리 한 병 허리춤에 차고 와서
창녕양파 껍질을 벗긴다

흰 속살 속곳까지 보여주는 창녕양파
까도 까도 속살만 나오는 백치 미인의
하얀 속치마 같은 미실댁 그 시절의
알싸하고 달콤했던 새신랑의 콧속 가득
아련한 후각
지금도 돼지 부속과 머릿고기와 어울리는
창녕 할배의 인생삼락

복달의 보양식

아버님 여기 생갈비, 삼계탕, 서울곰탕
비닐 팩 가득 복날의 건강식품
배달 기사 택배로 왔어예
마을회관에서 드세요

고마워 아가 며느리 가고 나면
창녕 할배 왈,
마을에 오면 솥단지를 걸어야제
된장이든 똥피리든, 닭모가지든
촌에 오면 솥단지를 걸어야제
왼손에 된장 바르고, 오른손엔 화왕산 막걸리
들고 무야제

손자 생각

도시에 오면 미곡 마을 산새가 그립고
미곡 마을에 오면 도시 손자 그립다
두고 온 살림쟁이 아내도 가끔 그립다

모기가 와도 개미가 와도 미곡에 오면 웰빙이
시작되고 농익으면 웰다잉
그래도 함께한 세월이 그립다

뱃길도 없고 하늘길도 없고 천왕재에 막혀, 갈 수 없
는 손자의 집
앞산 낙타봉에 십장생 그려 놓고
감리 저수지 바라보며 손자의 초롱한 눈망울을
그린다

현해탄을 두고 흰 소 한 장 그려 놓고 갈 수 없는
이중섭의 흰 소 같은 아픈 눈망울을 그린다

청개구리

비 내리는 고택의 아침 마당
아득한 유년 시절의
개울가에서 보았던 가냘프고 예쁜 청개구리 한 마리
반백 년 타임캡슐을 열고 나를 찾아왔다
순간 억만 겁 인연이 환생되는 듯한 착시인지
먼 추억 속에 잠겨 있던 고향 마을 호박꽃 향기와
물소리가 들렸다

여름 연꽃이 피었던 고향 마을 저수지
손바닥에서 놀아 주었던 작고 예쁜 청개구리 한 마리
먼 시간의 강을 건너 타임머신을 타고 청 도포
차림으로 고향 편지 한 장 들고 왔다
동안의 소꿉친구를 찾아왔건만 반백 년 변심한
세월, 흰 머리 검정 의관을 보고 청개구리 가셨다
철 대문을 닫고 가셨다

시집 평설

수평적 동경의 미학 시로 실천 돋보여

박진환
(시인·문학평론가)

1. 전제

 82편의 시를 4부에 나누어 수록하고 있는 시집 『바다와 함께한 산골 여정』은 김찬선 시인의 시적 편력이랄까, 인생 도정이랄까, 시로써 실천하고 싶어 동행했던 순례라고 할까, 몇 가지 암시역을 설정해 주고 있다고 여겨진다. 어떻게 보면 출항과 귀항으로도 보아줄 수 있고, 인생역정을 통한 자연에의 귀의로 보아줄 수도 있을 것 같다. 시집 제목 '바다와 함께한' 도정으로 보면 출항을, '산골 여정'으로 보면 귀항을 통한 자연에의 귀의로도 보아줄 수 있다고 여겨지기 때문이다.

 경우는 다르지만 단테가 『신곡』을 통해 지옥·연옥·천당의 삼계를 순례했던 시의 편력을 보여주었던 것과 같은 시적 도정이랄까, 궤적이랄까를 떠올려 볼 수 있게 해주고 있는데 이 점에서 '시적 순례'란 말로도 풀이해 볼 수 있게 해준다. 주지하다시피 '순례'는 종교적 발생지, 본산지, 성인의 묘, 거주지 등을 종교적인 목적으로 방문하여 참배함을 말한다.

『신곡』은 지옥·연옥·천당의 삼계를 종교적 목적에서보다 단테 자신의 복수를 위한 목적에서 감행한 시적 순력이었다고 보아줄 수 있다. 그런가 하면 인간의 영혼이 죄악의 세계로부터 회오와 정화에 이르고 다시 천국에로 향한 전진하는 경로를 지옥과 연옥과 천당으로 제시한 점에서 보면 단테 자신의 인생관·종교관·우주관을 잘 나타내고 있어 순례가 될 수 있다.

김찬선 시인의 시집 『바다와 함께한 산골 여정』도 '바다'와 '세상'과 '유랑'과 '미곡 마을 산골'로 보여주고 있는 시역이 말해주듯 시인의 시적 순례일 수도 있겠으나 시역을 좇아보면 순례보다는 '순력'에 방점이 씌힐 수 있을 것 같다. 그것은 스스로 제시한 시역들이 시적 '순력'과 잇대어 있기 때문이다. 달리 지적해 '순례'가 종교적 의미를 통한 편력이라면 '순력'은 시적 편력에서 시를 출발시키고 있기 때문이다. 이 점에서 시적 순례이면서도 '순례'와 '순력'은 그 개념을 달리 한다고 할 수 있고, 김찬선 시인의 시를 그 후자 쪽에 세우는 소이가 될 수 있다고 본다.

시집 『바다와 함께한 산골 여정』의 시역 제시는 시역이 '바다'와 '산골'로 집약되면서 바다에서 산골로 이동 경로를 시로써 제시해 주고 있어 '순례'보다 '순력'에 방점을 찍게 하고 있다. 시를 제시 네 시역을 시역별로 조명, 순력으로 합일시켰을 때 시집 『바다와 함께한 산골 여정』의 본태는 드러날 것으로 보여진다.

2. 바다와 출항의 시

제1부 「바다와 함께」에는 시 「자갈치」, 「조선소의 장미」 등 23편을 수록하고 있는데 편수로 보면 총 수록시 82편의 3분의 1에 해당되는 시들을 1부에 수록하고 있는 셈이 된다.

바다는 여러 의미로 시적 암시역을 제시한다. 그것은 바다의 이미지 중 가장 강렬한 것으로 '출항'의 묵시성을 지니고 있기 때문이다. 출항의 묵시성 속엔 또 다른 암시를 지니고 있다. 하나는 뭍을 떠남으로써 새로운 지평이나 대안에 도달하고자 하는 수평적 낭만지양의 자아확대력에 기초하는 경우이고, 다른 하나는 뭍이라는 현실이 수용을 거부함으로 안정대 구축에 실패했을 때 뭍을 떠날 수밖에 없음으로 바다를 향하는, 전자가 미래지향적 출항이라면 후자는 도피지향적 탈출이 되어준다. 이는 출항이 두 의미로 해석될 수 있는 근거를 제시해 주는 것이 되는데 김찬선 시인의 경우는 전자적 출항 쪽에서 시를 출발시킨 것으로 볼 수 있게 한다. 수록 시 23편 중 그 어느 시편에서도 뭍에서 안정 구축에 실패함으로 감행하는 도피의 메커니즘을 찾아볼 수 없기 때문이다. 이 점에서 바다와 함께라는 타이틀로 묶은 1부 시편들은 새로운 수평이나 대안을 지향하는 새로운 출발로서의 출항으로 보아줄 수 있는 근거를 제시해 주고 있는 것이 된다. 먼저 시를 제시해 본다.

깊고 푸른 바다로 가자
만국기 달고 대어 깃발 이어
검은 기름을 내 배보다 많이 실어 바다로 가자

비릿한 영도 남항에서
침묵 속에 가라앉은 닻을 올리고 발전기를 돌려 선상의
어둠을 헤쳐 바다로 가자

엉켜진 로프를 풀어 보자
선창가에 술 취한 선원을 불러 보자 시원한 목청으로
"출항 시발" 하고 바다로 가자

아이와 여편네가 밤새 갈매기처럼 울어 와도
인도양을 지나 라스팔마스로 가자

꿈의 바다로 가자
깊고 푸른 바다로

　예시는 제1부에 수록된 시 「출항」의 전문이다. '바다와 함께'해야 했던 출항의 단초들을 제공해 주고 있다. 1연의 시행 '만국기 달고 대어 깃발 이어'라고 내세운 출항의 깃발은 대양을 향한 출항이다. 시행 '검은 기름을 내 배보다 많이 실어'가 말해주듯 먼 대양을 누빌 수 있는 에너지 '기름을 내 배보다 많이'로 암시해 주고 있는데 이는 대양에의 항해를 의미하고 대양에의 꿈을 실현하기 위해 떠나는 출항의 의미를 암시해 준 것이 된다.

　그런가 하면 출항의 대안은 단순한 도강이 아니라 종연의 시행이 말해주듯 '인도양'을 지나 '라스팔마스'라는 대양으로 '꿈의 바다'다. 화자가 대양을 꿈의 바다로 진술하는 것은 자신의 꿈을 실현하기 위해 도피행이 아닌 꿈을 찾아 출항했음을 보여주고 있는 것이 된다. 그뿐만이 아니다. 4연으로 된 예시는 연마다 '바다로 가자'라고 '가자'를 촉구하는 촉구형을 반복함으로써 출항의 의지지향을 강조하고 있다.

　굳이 시의 의미론적 해석을 곁들이지 않더라도 꿈이라는 이상을 향한 출항의 의미를 읽을 수 있게 해준다.

'바다와 함께'한 대양과 이국정조가 오버랩되면서 바다에서의 삶의 현장들이 제시되고 있어 시적 리얼리티를 획득, 감동에 값하고 있는데 시 「베르겐 항구」는 이를 잘 말해주고 있다.

눈 내리는 노르웨이 베르겐 선창
바이킹선을 타고 온 사나이
긴 코트 깃 세우고 호롱등 바텐에 앉아
북극 고래 잡던 시절을 생각한다

부스케루에서 눈썰매를 타고 온 사나이
백야의 밤을 새워 목조 선술집을 지었다
순록의 목을 벽에 걸어 놓고
BERGEAN 1789

북극 고래를 인양했던 목조 크레인도 그대로 무인도로 팔려간 해적의 하녀가
FISH MARKET에서 빨간 모자를 쓰고 동방에서 온 나에게 뽈그란* 연어 살점을 집어준다

'눈 내리는 노르웨이 베르겐 선창'이라는 시의 첫행이 환기시키는 이국정조가 '바이킹선을 타고 온 사나이'를 매체로 물씬 풍겨진다. 그런가 하면 '백야', '눈

썰매', '순록', '북극 고래', '해적의 하녀' 등이 이국정조를 자극하면서 현장성을 구체화한다. 구체화로 확산된 정조는 단순한 환기력을 통한 호소력에서 끝나지 않고 시의 종연 '무인도로 팔려간 해적의 하녀가/ FISH MARKET에서 빨간 모자를 쓰고 동방에서 온 나에게 뽈그란 연어 살점을 집어준다'로 현장의 살아있는 한 컷을 리얼리티로 제시해줌으로써 마도로스의 감회랄까, 향수를 자극한다.

 해수가 연계시켜 주는 먼 이국에서의 향수는 고향에의 그리움이면서 뭍에의 귀항의식을 자극한다. 바다와 함께하면서 선취(船醉)나 노도·격랑에 지친 해수로는 달랠 수 없는 귀향에의 향수를 자극한다. 마도로스면 누구나 경험했던 정서의 환기다.

이제 고향 바다를 그리워 말자
파도를 물어오는 갈매기 보려 눈감지 말자 그리운 부산 자갈치는 통선을 타고
횟감보다 싱싱한 바다로 배달된다

낮으로 클릭하면 파도를 가르는 고깃배가 오가고 파도 거품까지 모니터에 착상하고,
등대를 오가는 백수 아저씨가 가물가물 보이고 밤으로

서칭하면 등대 불빛은 밤바다에 내려오고
자갈치 포장마차 불빛은 가슴 타도록 깜박인다

비 오는 남항을 투시하면 술 취한 자갈치는 원탁에 둘러앉아 꼼장어를 굽고 있어
홀로 순댓국 끓이는 누님 생각에 POWER- OFF 하면
가슴에 타오르는 파도 소리 고향 바다는
뜨거운 향수를 부른다

 시 「남항 WEB-CAM」에서 화자는 '이제 고향 바다를 그리워 말자'라고 첫행에서 다짐하면서도 종행에서는 '가슴에 타오르는 파도 소리 고향 바다는/ 뜨거운 향수를 부른다'고 피력한다. 바다와 출항, 출항과 해수, 해수와 향수는 바다가 환기시키는 정서적 경로다. 출항이 있으면 귀항이 있기 마련이고, 해수에 젖다 보면 향수에 젖기 마련이다. 감각상호간의 호소력이 자장으로 일으키는 정서 체험이다.
 시행 '그리운 부산 자갈치', '등대를 오가는 백수 아저씨가 가물가물 보이고', '자갈치 포장마차 불빛은 가슴 타도록 깜박'이고, '홀로 순댓국을 끓이는 누님 생각' 등이 오버랩되면서 환기시키는 고향에의 '뜨거운 향수'는 고향과 함께 뭍에의 그리움을 수반한다.

끝내는 귀향이 이루어지고, 귀항은 제2부 「세상과 함께」의 시역이 된다. 바다의 삶에서 지상의 삶, 곧 세상이라는 현실적 삶을 함께 하기에 이른다.

3. 세상으로의 귀환의식

 출항으로부터의 귀환은 귀항이 되고, 바다에서 뭍으로 돌아옴이 된다. 바다의 공간이 뭍이라는 현실공간으로 바뀌면서 먼저 대상화하는 것이 자연이 되고, 이어 삶의 현실로서의 생의 공간이 되고 끝으로 가정이라는 공존에로의 귀향이 된다.
 필연적으로 바다의 이미지는 현실이라는 생의 현장으로 대체되고 현장은 삶의 공간으로 주어진다. 주어진 이 공간에서 자연을 벗했을 때는 꽃이나 새와 만나게 되고, 삶의 현장은 유동적 삶이 궤적으로 이어지는 지하철의 일상과 만나게 된다. 그런가 하면 가정이라는 또 하나의 소유되고 방어되는 공간을 삶의 공간으로 수용하게 된다.
 제2부의 '세상과 함께' 시편에서 시「산새」, 「칸나의 계절」, 「벚꽃 트라우마」, 「봄비」, 「소쩍새」, 「도화」, 「왕벚꽃」들은 세상과 함께하면서 마주해야 하는 자연에서 취한 시적 발상들이라 할 수 있다. 그런가 하면

시 「동해남부선」, 「기관사」, 「희망버스」, 「지하철의 일상」, 「대한항공 100회」 등의 시편들은 삶의 현장에서 체험한 삶의 동선들에서 출발시킨 현장시라고 할 수 있다. 그리고 시 「아내의 경제학」, 「중고 인생」과 같은 시편들은 가정이란 공간에서 경험해야 했던 세상과 함께 하는 시적 담론들이라고 할 수 있다.

  몇 편의 시는 이를 말해줄 것으로 보고 제시해 본다.

깃털이 얇아 추운 산새야
여기에 앉았거라

눈망울이 고와 슬픈 새야
저기에 앉았거라

거기서 예쁜 노래 부르다가

이 산, 저 산에
꽃망울이 오거든 가셔라
가서 꽃소식 전해다오

  2부 「세상과 함께」에 수록된 「산새」의 전문이다. 화자가 제시한 새는 비상의 이미지를 대표하는, 그래서 자연과의 거리나, 청산과의 거리에 가 닿을 수 있는 비상의 이미지로 인간이 가 닿고자 한 욕구충족의 대리대상으로 설정되기 마련이다. 그래서 새에 의탁, 자연과의 동일성을 획득하고자 하기도 하고, 자연친화력을 빌어 자연과 하나이고자 하기도 한다. 그러나 화자는 그런 새가 아닌 '깃털이 얇아 추운 산새', '눈망울이 고와 슬픈 새'로 연민의 정을 통해 자연친화력의 따뜻한 시선으로 대상화한 새로 제시하고 있다. 이러한 자연감정으로 대상화한 배경에는 자연친화력이나 동일성을 통해 자연과 합일하고자 하는 자연감정이 작용했음을 의미한다.

달리 지적하면 거친 파도를 헤쳐야 했고, 노도와 싸워야 했던 바다에서의 삶의 격렬성과 치열성이 자연감정으로 여과돼 자연친화적 동일성을 성립시켜 준 것이 된다. 그래서 3연이 말해주듯 '이 산, 저 산에/ 꽃망울이 오거든 가셔라/ 가서 꽃소식 전해다오'라고 자연과의 대립성이 아닌 자연에의 순응주의랄까, 순수에의 자연경도라 할까로 자연감정을 토로하게 된다.

예시 말고도 시 「새」, 「소쩍새」를 비롯한 「칸나」, 「단풍 넥타이」, 「왕벚꽃」 등은 그 대상은 달라도 다 같이 자연감정의 순수에서 발상한 자연에의 순응주의 산물들이었다고 할 수 있다. 그리고 이는 화자가 세상에 살면서 자연에의 순응주의를 자연관으로 자연에의 환원주의와 같은 동일성에서 시를 출발시켰음을 말해주는 것이 된다. 세상살이에는 자연만이 상대적인 것은 아니다. 정태적 자연의식이나 관조적 대상으로서의 꽃이나 새와 같은 원형사물과의 친화적 동반관계로 살아가기도 하지만 동시에 동적 삶이 수반하는 동태적이고도 역동적 동선을 필연화하기도 한다. 시「지하철의 일상」은 이를 말해주는 대표적인 시로 제시될 수 있다고 본다.

잠자는 열차에 아침 일찍 전기가 흐른다 SWITCH-ON
지금 이 열차 아직 졸립다
06시 가방을 든 학생과 새벽시장으로 가는 아낙이 소리
　　　없이 코골이를 한다
08시 넥타이 부대가 기사를 열독하고 은행원은 지갑을
　　　만지고 있다
10시 보험회사 아줌마가 고객 생일을 찾고
12시 할아버지 중절모는 세월을 잊어버리고 반백수 아저
　　　씨 점심 건수를 골똘히 생각한다 이 열차 허기를 느
　　　낀다
14시 향수 냄새 중년 부인이 손거울을 본다
　　　백화점 들러 역전무도장으로 갈 채비를 한다
16시 할머니 약봉지를 들고 귀가한다
20시 만석이다, 봉급쟁이 중년의 다리가 무겁다 이 열

차 아직 잘 달리고 있다
24시 술꾼들의 소리, 이 열차 피로감에 박카스를 마시
　　고 싶다
25시 교향곡이 울리고 이 열차 마지막 역을 지나고 있다
SWITCH-OFF 깊은 잠을 청한다
내일 일정은 오늘과 같은 코스 가방을 든 학생이 타고
술꾼이 내릴 것이다

　지하철을 통한 세태 풍경보라고나 할까, 지하철 시대를 이용하는 삶들의 시간적 동선이라고나 할까, 지하철의 시간대를 통해 제시되고 진열된 풍경들이 세태의 단면단면을 재단해다 재조립시킨 것과 같은 풍경보를 그려주고 있다. 살아가는 모습과 삶의 현장들을 지하철 시간대에 연계 펼쳐 보여주는 삶의 단면들이 보여주는 풍경보는 세태의 단면들을 재단해다 재조립해 놓은 삶의 현장들로 제시되고 있다.
　새를 통해 자연친화력을 획득, 자연에의 환원주의를 보여주었다면 「지하철의 일상」은 살아 움직이는 삶의 역동성을 리얼하게 제시해 주고 있다는 점에서 현실적 삶, 삶의 현장적 모습들을 제시함으로써 삶에의 충실을 보여주고 있다고 할 수 있다.
　이러한 삶의 모습들은 다시 가정이란 공간으로 이동

되면서 삶의 참모습이랄까, 진실을 재구성해줌으로써 삶에의 충실을 보여주고 있는데 시「아내의 경제학」은 이를 말해주는 적절한 예시가 되어줄 것 같다.

우리 집 냉장고엔 아내의 경제학 1호 마늘떡이 위세 좋게 백색 공간을 점령하고 있다
수확철마다 손톱이 아리도록 껍질을 벗겨 비닐팩에 9층 마늘탑을 쌓아 놓고 조석으로 하례한다

단 한 가지 반찬 기술, 밥이 없어도 떨어지지 않는 콩나물 사랑, 새색시 때부터 잊지도 않고 연속극을 보며 졸리는 눈으로 콩나물대가리 쓰다듬는 중독된 습관, 다섯 식솔을 위한 키 큰 콩나물 무침은 아직도 락앤락 통에 자리한 경제학 2호

아내의 애장품 일제 카트기, 문외한 삼 남매에게 쭈쭈바를 물리고 번개맨이라 추켜 놓고 자득한 카트 기술, 특강으로는 쫄바지 사랑, 조끼 시리즈와 100~170mm 7종 아동화 동시 구매 기술은 3호 경제학의 극치

마지막 4호는 고금리 분산, 헌집 팔고 새집 사고 저층에서 고층으로, 우리 집 경제학 박사는 지금도 미래를 위한 실용 경제학 출강 준비 중

철없는 신랑의 때늦은 성찰, 아내의 숭고한 노고와 지고한 가족 사랑에 대하여

 아내의 경제학은 1호에서 4호까지로 되어 있다.
 경제학 1호는 '마늘', 2호는 '콩나물', 3호는 '구매경제학', 4호는 '고금리 분산'으로 제시되고 있다. '마늘'로 비유되는 매운 맛, '콩나물'로 암시하는 절약, '구매경제'로 제시되는 절약형 구매, 그리고 '고금리'로 암시되는 재테크가 경제철학이다.
 아내의 경영학으로 대유되는 살림철학은 살림솜씨, 절약과 검소, 알뜰한 구매, 그리고 지혜로운 재테크 등으로 요약되는데 시행에 의하면 '철없는 신랑의 때늦은 성찰'에 대비된 '아내의 숭고한 노고와 지고한 가족 사랑'으로 귀결되고 있다. 아내의 노력과 가족애가 가족의 안녕과 평화와 행복을 일구었다는 뜻일 듯싶다.
 가정을 만복의 근원으로 보았던 자사(子思)의 피력도 이런 복된 가정을 이루고 사는 방어되고 소유되는 가정을 두고 한 말이 아니었을까.
 이상의 조명은 출항과 귀항을 통해본 김찬선 시인의 시의 편력이랄까, 시로써 제시해준 통시적이고도 공시적인 시의 순례라고나 할까, 그 둘 다이면서 시역으로 제시하고 있는 시적 순력의 일단들인 셈이다. 대부분

의 경우 출항과 귀항은 현실공간으로의 귀향일 수 있고, 귀향을 통한 현실공간에 안정대를 구축했을 때는 그 영역을 확대하고자 하는 또 다른 도전을 통한 시역의 확대지향으로 이어지기 마련이다. 이때의 시적 양태는 현실공간에 안정대를 구축했을 때는 시적 공간의 새로운 확대를 위해 자아확대력을 동원한다. 과거세를 현실공간으로 편입한다든가, 미지의 세계를 지향, 새로운 공간에 도전한다든가 하는 것이 그것이다.

 이와는 달리 현실공간에 안정대 구축에 실패했을 때는 경우를 달리한다. 과거세로 퇴행한다거나, 퇴행함으로써 과거세의 무풍지대를 안정대로 설정하고자 한다. 또 하나의 경우는 현실공간을 신앙의 경로를 빌어 수직적 천상계에 잇대이게 함으로써 구원이 되고자 하는 수직동경으로 공간을 이동하는 경우다.

 김찬선 시인은 이 세 경우 중 첫 번째인 자아확대력을 통한 새로운 공간이동이거나 진입에 해당될 듯싶다.

 그 이유는 화자가 제3 시역인「유랑의 세월」을 접고 제4의 시역인「미곡미실 산골」로 스스로의 시적 공간을 이동하고 있기 때문이다. 이는 세상과 함께를 '미곡미실 산골'로 이동, 이동된 공간에서 안주하고자 함을 보여주고 있기 때문이다. 시「시선시당 입주」는 이를 말해주고 있다고 여겨져 제시한다.

간밤 꿈길은, 이순의 노구로 살아온 나룻배
한 척을 낙동강 하구에 띄워
황포 돛대 소금 장수 뱃길을 따라 원동으로
근대사의 애환 서린 삼랑진 철교를 지나 남지 수로에서 하선하였다
하늘왕릉길 송현동을 지나 고암면 감리 저수지에 도착하니, 이제 도솔천
초승달 쪽배로 갈아타고 비단물결을 헤치고 감리 저수지를 건넜다

아 길몽이구나, 미곡미실길 도착, 일면불식 인연으로 40년 해양 공방 노역으로 지친 노인에게 남평문씨 4칸 선비집이 반겨주니
화왕산 막걸리로 삼배하고 고택에 입주하였다
시선시당(施善詩堂) 백세청풍(白世淸風)이라 문풍지에 붙여 놓고 푸른 바람과 함께 오래오래 머물다 가리

　화자가 새로운 시적 공간으로 선택한 곳이 시 말미에 곁들인 주(註)로 보면 경남 창녕군 고암면 감리 미곡미실 마을로 되어 있다. 화자는 이곳에 시선시당(施善詩堂)이라 당호를 걸고 '푸른 바람과 함께 오래오래' 머물기를 다짐하며 문풍지에 백세청풍(白世淸風)이란 글귀를 써 붙임으로써 시의 새 공간에 입주하게 된다.

시적 편력으로 보면 출항을 통해 바다와 함께 했던 삶을 귀항을 통해 세상과 함께 했던 시적 공간을 통해 미실마을이란 새로운 시의 공간으로 이동함으로써 자아확대력을 실천하는 것이 된다. 이를 시학적 이론으로 풀이하면 수평적 동경과 이상향 설정이 되고 이 이상향에 입주함으로써 시적 성취에 값하게 되는 동경의 미학에 해당된다.

미실마을은 이 점에서 시인의 이상향이 되어주고 이곳에 입주함으로써 이상향을 실제화한 동경의 미학을 실천한 시인이 되게 된다. 스스로가 설정한 세계에 입주, '미실마을 감로수'를 맛보며, '산새들의 합창' 귀동냥하며 '산토끼', '산새'와 함께 하고, '청개구리' 추억으로 유년과 함께하는 행복한 삶을 자연회귀나 자연과의 동일성이나 자연에의 환원주의란 말로마 마무리 되겠는가.

4. 결어

결어는 시의 풀이가 아닌, 시역에 대한 해석이 아닌, 시적 순례나, 순력 풀이가 아닌, 한 편의 시를 제시, 결론을 대신하는 것이 더 설득력으로 작용할 것 같아시 「청개구리」로 결론을 대신한다.

비 내리는 고택의 아침 마당
아득한 유년 시절의
개울가에서 보았던 가냘프고 예쁜 청개구리 한 마리
반백 년 타임캡슐을 열고 나를 찾아왔다
순간 억만 겁 인연이 환생되는 듯한 착시인지
먼 추억 속에 잠겨 있던 고향 마을 호박꽃향기와
물소리가 들렸다

여름 연꽃이 피었던 고향 마을 저수지
손바닥에서 놀아주었던 작고 예쁜 청개구리 한 마리
먼 시간의 강을 건너 타임머신을 타고 청 도포
차림으로 고향 편지 한 장 들고 왔다
동안의 소꿉친구를 찾아왔건만 반백 년 변심한
세월, 흰 머리 검정 의관을 보고 청개구리 가셨다
철 대문을 닫고 가셨다

출판 소감

　지난 40여 년 동안 조선산업 현장에 근무하였고, 2015년 등단의 꿈을 이루고자 시집 《바다와 함께한 여정》을 미등록 시집으로 개인 발간하여, 계간 《문예운동》 2015 가을호에 신인상으로 등단하였으나, 퇴직과 함께 오랜 절필의 세월을 보냈다.
　이후 세 자녀들이 모두 출가하고, 단출한 가정이 되고 황혼기에 창녕군에 일시 거소하게 되어 등단 10년 발자취를 남기고자 한다.

　금번 시집에 수록된 제1부 '바다와 함께'와 제2부 '세상과 함께'는 개인 발산 시집 《바다와 함께한 여정》 중에서 습작시 30여 편은 삭제하고 내용을 일부 재편집하였고, 제3부 '유랑의 세월'과 제4부 '미곡미실 마을'을 신작시로서 추가하여 《바다와 함께한 산골 여정》의 제목으로 시를 통한 세상과의 소통을 위한 소망을 담아 금번 2024등록시집을 발간하게 되었다.
　그동안 보필해준 아내 김명남 외 혜림, 혜원, 동현과 새로운 가족이 된 김우성, 박인호 사위, 양경혜 며느리, 영인, 다인 손자와 함께 문학의 즐거움을 같이하

고 싶고,

 출판에 각별한 도움 주신 문예운동사 김귀희 문학박사님과 시집 평설을 집필, 해석하여 주신 고명하신 박진환 원로 문학박사님께 깊은 감사드린다.

 아울러, 책을 제작해 주신 메이킹북스 장현수 대표 외 직원께 감사드리며 남은 여정 사랑하는 가족과 지인들과 아름다운 추억을 만들고 싶다.

2024 국화 피는 가을 | 시선시당에서

시선(施善) 김찬선(金贊善)